LES

CHASSES GUERRIÈRES

EN CHINE

PAR

C. de Harlez.

LOUVAIN
J.-B. ISTAS, Imprimeur-Éditeur
90, rue de Bruxelles, 90

1897

LES

CHASSES GUERRIÈRES

EN CHINE

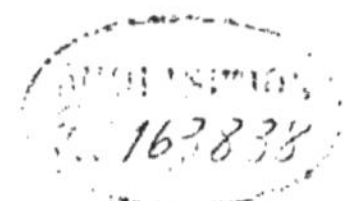

PAR

C. de Harlez.

LOUVAIN

J.-B. ISTAS, IMPRIMEUR-ÉDITEUR

90, RUE DE BRUXELLES, 90

1897

LES CHASSES GUERRIÈRES EN CHINE.*

Les grandes chasses ont toujours été considérées en Chine comme le meilleur moyen de développer, d'entretenir, pendant la paix, les qualités, les vertus militaires. Le courage se nourrit dans les dangers de l'attaque des bêtes féroces, des rhinocéros, des panthères, des tigres même. L'agilité, les forces du corps s'entretiennent dans ces courses furibondes aux montagnes, aux forêts.

L'adresse à la conduite des chars, au maniement des armes, des lances, des flèches, des javelots s'y exerce constamment ; les ruses, les ambuscades s'y apprennent comme au combat ; les mouvements des corps de troupe, des soldats isolés, s'y pratiquent de la même manière. Ces grandes chasses, en un mot, étaient pour les anciens Chinois l'image de la guerre et son apprentissage. Aussi de tout temps, les souverains chinois y exerçaient leurs soldats et les conduisaient à certaines époques aux lieux où devaient avoir lieu ces exercices.

Mais le règlement des chasses n'était point abandonné aux caprices du prince ; il avait ses principes que chaque souverain devait observer avec exactitude.

D'après le *Tchuen* du *Tchun tsiou*, on faisait chaque année quatre grandes chasses qu'on peut appeler militaires. Celle du printemps s'appelait *Seu* ; celle de l'été *Miao* ; celle de l'automne *Sien* et celle de l'hiver *Sheou*.

Les commentaires nous apprennent que la première avait pour but la levée des troupes, leur mise en campagne ; la

* Les renseignements dont la source n'est pas indiquée sont tirés des encyclopédies *Yu hai* et *Sse-lei-fu* et de celle du *Matuan-lin*.

seconde, la formation des baraquements ; la troisième, l'exercice des armes (1) ; la quatrième, les revues. Elles avaient lieu dans les intervalles de temps que laissaient libres les travaux de l'agriculture afin de ne point gêner, entraver le labeur nécessaire à l'entretien du peuple.

Tous les trois ans avait lieu un grand exercice général des armes qui nécessitait la mise sur pied des armées et que suivait une abondante compotation.

Ces exercices servaient à faire paraître et connaître les mérites, les habiletés diverses, à distinguer les rangs et apprendre à tous à observer les lois de la dignité, du respect, des convenances, des situations respectives.

Le *Li-ki* ne mentionne que trois chasses par an. Quand le Fils du ciel et les princes n'ont point d'affaires qui les en empêchent, ils font trois chasses par an. La première a pour objet les offrandes de viande sèche dans les vases sacrificielles ; la deuxième, la table des hôtes de la cour ; la troisième sert à fournir le garde-manger du souverain (2).

On ne faisait point de chasse en été pour ne point déranger les travaux des champs. Ainsi parle l'auteur du *Tchou* du *Li-ki*. Mais ce n'est pas là l'opinion générale. D'autres auteurs affirment qu'il y avait quatre chasses ; au printemps la *Tien* ; en été, la *Miao* ; en automne, la *Seou*, et en hiver, la *Sheou* (3). Le célèbre exégète *Tcheng hiuen* dit d'une part (4) que les *Yin* et les *Hia* avaient les quatres chasses dans leurs coutumes et ailleurs il n'en mentionne que trois et donne pour motif de l'abstention en été, que cette saison est celle où tout naît et grandit, celle où *Yu*, grâce à ses vertus, acquit le pouvoir sur le monde. D'après l'*Erh-Ya*, le motif

(1) D'après le Li-ki, livre *Wang-tchi* la chasse d'automne avait pour but d'exercer au maniement des cinq genres d'armes. Ainsi les soldats apprennent à combattre.

(2) Selon le *Pe-hu tong-i* le souverain se proposait surtout de se procurer les offrandes du temple ancestral et pour le reste de reconnaître l'habileté des hommes pour les fonctions.

(3) D'après le calendrier des *Hia*, la *Sheou* a lieu le 11e mois.

(4) Dans le commentaire du *Shi* III. 3. V. 3.

serait que, à cette saison, le *Yin* et le *Yang* du ciel et de la terre sont à leur plus haut degré.

Nous avons donc deux séries de 4 chasses qui diffèrent entre elles et s'écartent des données du *Li-ki* qui est presque seul de ce système.

L'*Erh-Ya* en mentionne aussi quatre dont une de grand exercice militaire.

En outre, d'après le *Li-ki*, même livre, quand le souverain n'avait pas d'empêchement spécial, il devait se mettre en chasse ; y manquer, c'était de sa part un acte d'inconvenance (1). Il manquait à ses devoirs envers le ciel et ses hôtes en ne procurant pas des victimes au sacrifice, des mets convenables à ses festins.

La chasse avait ses règles qui entretenaient chez le chasseur des sentiments d'humanité ; les violer c'était se montrer cruel, tyranniser les créatures du ciel (2). — Les princes étaient soumis aux mêmes lois dans leurs principautés.

Le Fils du ciel, dit le *Li-ki*, n'enserre le gibier que de trois côtés et laisse le quatrième libre pour qu'il en échappe une grande partie. Ce que le *Yi-king* exprime autrement : Le roi fait trois battues et laisse échapper le gibier devant lui ; le peuple laisse les animaux fuir sans avertir le souverain (3).

Les princes avaient en outre pour règle de ne point prendre par surprise tout un groupe d'animaux.

Il était également défendu de capturer les animaux tout jeunes encore ou d'enlever les œufs des nids, de tuer des mères portant leurs jeunes, ni les animaux qui n'avaient point encore leur taille. Tant que les insectes et les vers n'étaient point entrés dans leurs cachettes d'hiver, on ne pouvait chasser au feu (4).

A toutes les chasses on portait les drapeaux ; à la pre-

(1) Il est possible que les trois chasses ne concernaient que le souverain et les quatre autres, les armées.

(2) Le *Wang-tchi* II, 22.

(3) V. Kua VIII § 5.

(4) En brulant les herbes, les buissons.

mière on employait les petits et les grands. Quand l'empereur voulait finir la chasse il abaissait le grand drapeau ; les princes amenaient le petit. Quand ils étaient rassasiés de carnage, les grands officiers tiraient à leur tour, puis faisaient arrêter leur char ; après cela le peuple (1) pouvait aussi prendre sa part de gibier.

Le prince portait pour la chasse un costume militaire, l'arc d'une main et les flèches sous le bras.

La chasse se faisait au moyen de filets ou de barricades qu'on dressait de trois côtés (2) sur une certaine étendue de terrain. Parfois on mettait le feu aux broussailles, aux hautes herbes pour en déloger le gibier ; on le tirait à coups de flèche, ou bien on le prenait dans les filets.

Les chasses étaient précédées et suivies d'un sacrifice.

Le *Tcheou-li* ou cérémoniaire de la dynastie *Tcheou* (1122-255) contient de nombreuses prescriptions relatives aux chasses royales (3). Ce livre est malheureusement très suspect d'amplifications fantaisistes. Mais faute de moyen de contrôle, nous donnons tout ce qu'il contient, tout ce que nous pouvons trouver en différents endroits relativement à notre sujet.

Nous y voyons cette prescription d'un caractère général : Quand une grande chasse doit avoir lieu, le chef du district (*hiang*) où elle doit se faire en avertit les habitants en exposant le règlement de la chasse (4) dans les *tcheous* et les villages quelque temps avant le jour fixé.

Puis il inspecte les instruments qui doivent y servir et s'assure que tout est en bon état : tambours, cloches ou

(1) Les *Pe-sing*.

(2) Les légendistes racontent que *Tang*, le premier des *Shangs*, vit un jour un chasseur qui tendait ses filets de 4 côtes et priait le ciel de lui envoyer du gibier de toutes les directions. Il trouva le procédé cruel, digne du tyran *Kie*, défit trois des filets et n'en laissa dresser qu'un. Ainsi l'on vit sa vaste compassion qui s'étendait jusqu'aux animaux. Aussi 40 états se donnèrent à lui.

(3) Il en reconnait une à chaque saison, en été comme aux autres.

(4) Comment le souverain y procèdera ; ce que les sujets doivent faire ou eviter en cette circonstance.

cymbales, drapeaux, enseignes, armes et ustensiles divers ; il dispose les soldats-chasseurs par pelotons de cinq hommes.

Le jour venu, il arbore le grand drapeau du *Sse-tou* pour appeler les soldats et les réunir autour de lui. Là il les forme en corps divers d'après les districts et les villes, en donnant à chacun le drapeau ou le gonfanon qui lui sert de signe de ralliement. Il dirige tout ce qui concerne le commandement de ces divisions, ordonne les châtiments mérités, les défenses à observer, les réprimandes ; il juge les querelles, etc. Il règle la marche des divisions de devant et de derrière, des chars et des piétons.

Au moment du départ il se tient aux portes et fait observer les rangs assignés (1).

Il s'agit ici des quatre grandes chasses des quatre saisons.

Le L. XXIX. Art. 1 *Ta-sse-ma* nous apprend que c'est le *Ta-sse-ma* ou commandant général de la cavalerie qui est préposé à ces mêmes chasses. Il en donne le signal et les commence.

Aussitôt le *Hiang-sse* dresse l'étendard du *Sse-tou* (2) et offre le sacrifice. Le prêtre-invocateur des chasses (3) et des domaines impériaux prononce la prière et les invocations (4). Il annonce au peuple le règlement (5) et les punitions des violateurs des ordonnances royales.

Cela fait on se met en marche, on cerne le terrain réservé. Au printemps on met le feu aux broussailles. Quand le feu est éteint on prend le gibier et on offre le sacrifice à l'Esprit de la terre (6). Les forestiers viennent alors faire prendre le

(1) Commentaires. Voir *Tcheou-li* X. *Hiang-sse*.

(2) Le texte dit simplement l'officier ad hoc (*Yeou sse*) dresse l'étendard. Nous avons suppléé ces termes pour éviter une contradiction évidente.

(3) *Tien tcho*.

(4) L. XXV. *Tien tcho* initio.

(5) Ne point monter dans les chars ; ne point tirer derrière les autres mais seulement au rang de devant ; quand le drapeau est arrêté, on entoure le terrain réservé ; quand il est amené on s'élance sur le gibier. Ceux qui n'observent pas ces règlements sont punis.

(6) D'après le L. XXV. *initio*. C'est le sacrifice *ma* ou sacrifice pour les

gibier et le porter à sa destination. Pour cela ils plantent le drapeau désigné et chacun s'empare de ce qu'il a pris à la chasse.

Les autres chasses se font de la même manière à l'exception du sacrifice qui est le *Yo*, à l'autel des ancêtres pour l'été, celui des esprits des régions pour l'automne et celui des expéditions guerrières pour l'hiver. Cette dernière chasse est faite d'une manière exceptionnelle. C'est un appareil complet de forces armées, une image de la guerre, chars et fantassins s'avancent avec entrain, frappant, tuant de tous côtés. On forme un camp, les soldats chasseurs et les chars sortent par deux portes et se mettent en rang ; les chars en avant quand le terrain est uni ; les piétons les premiers quand le sol est accidenté. On part au son du tambour, les hommes ont la bouche baillonnée ; les officiers marchent derrière leurs corps de troupe respectifs. Quand on est arrivé au terme final de la chasse, le tambour donne le signal de l'arrêt, les soldats poussent un cri pour effrayer le gibier. Après la chasse on fait un repas des animaux tués. Les grandes pièces sont données au prince, les petites aux particuliers (1).

En rentrant dans la capitale on offre le sacrifice d'hiver *Tching* (2).

D'autres livres ajoutent à ces renseignements de nouvelles règles de la chasse, par exemple : ne point se jeter sur un animal, ne point user de ruse trompeuse, ne point dépasser les limites marquées.

Le *Tcheou-li* indique, avant chacune des descriptions des quatre chasses, les exercices militaires qui se font avant de se mettre à cette guerre aux animaux, et fait l'exposé de la constitution des corps d'armée qui s'y livrent. Ce serait trop long à reproduire ici et n'intéresse qu'indirectement notre

opérations guerrières. Ce sacrifice sert aux quatre saisons. — Nouvelle contradiction.

(1) Ceux qui ont attrapé un animal en reçoivent en tout cas l'oreille gauche.

(2) Où l'on cuit, bouillit les viandes.

sujet. Voici, comme exemple ce qui précède la chasse du printemps.

Le ministre des armes enseigne à former les bataillons. Le général de la cavalerie met en ordre les compagnies comme dans les préparatifs d'un combat.

Il fait connaître les différents usages des tambours, des cloches, des cymbales, des tambourins.

Le souverain, les généraux et tous les officiers ont leur tambour spécial portant chacun un nom différent. Ils servent à donner les signaux des divers mouvements : s'asseoir, se lever, avancer, reculer, précipiter le pas et le retarder, se diviser, se grouper.

Quand ces exercices sont terminés on commence la chasse.

D'autres passages du *Tcheou-li*, épars dans ses 41 livres, donnent d'autres renseignements de détails que nous ne reproduirons qu'en partie.

D'après le *Tchou* du *Shi-king* on formait une enceinte au moyen d'herbes et de branchages et les chasseurs s'y établissaient. On faisait les portes avec des draperies assujetties au moyen de peaux.

Les chars ne pouvaient y entrer en rang. Quand tous avaient pénétré dans l'enceinte on mettait le feu aux herbes et l'on tirait à coups de flèches sur les animaux qui fuyaient l'élément destructeur.

Le Fils du ciel tirait d'abord, puis les princes ; après eux les *Ta-fous* et après les *Ta-fous*, les officiers et les soldats. On abaisse les drapeaux comme il a été dit ci-dessus.

On ne dépasse pas les limites fixées, on ne poursuit pas le gibier qui s'échappe.

Le *Ko-liang-tchuen* donne des renseignements à peu près identiques à propos d'une grande chasse qui eut lieu sous le règne du duc *Tchao* de *Lou* (l'an VIII). Les différences sont trop insignifiantes pour être relatées. Il note seulement que les chars étaient montés par un conducteur qui ne tirait point et un militaire qui lançait ses flèches.

Quant aux lois du tir, il ajoute que ceux qui avaient franchi les barrières ne rentraient plus. On ne devait point tirer sur les animaux qui venaient vers le chasseur, ni sur ceux qui n'avaient point encore leur taille. Quel que fût le nombre du gibier abattu, le Fils du ciel en prenait trente pièces, le reste était pour les chasseurs. Ceux qui avaient tiré heureusement sans pouvoir s'emparer de leur victime recevaient du gibier, les maladroits ne recevaient rien.

Ainsi les anciens, dans leurs chasses, mettaient au premier rang la bonté, la convenance et très en dessous la force et le courage (1). Si ce n'est point pour avoir de la chair d'oiseaux ou d'animaux terrestres pour offrir sur l'autel, ou se procurer des peaux, des dents, des os, des poils ou des plumes (nécessaires aux usages civils et militaires), un prince ne tire point sur des êtres vivants.

Voici encore un trait d'humanité des anciens Chinois.

Sin Kiap, grand historiographe de *Tcheou*, exhortant les magistrats à corriger les défauts, les vices du souverain, leur adressa des instructions à ce sujet. Dans celles qui étaient faites pour les intendants des forêts et des chasses, on lisait ceci : Suivez les traces du Grand *Yu*, les divisions des 9 *tcheous* et leurs routes. Que le peuple ait ses demeures et ses temples ancestraux, que les animaux aient leurs buissons et leurs herbages. Que chacun ait son lieu d'habitation. Ainsi les vertus ne seront pas troublées et leurs lois violées (Cfr. Tso-tchuen *Siang-kong*. An. IV. § 7).

L'histoire rapporte plus d'un trait relatif à des chasses impériales.

C'est en chassant sur les bords du *Wei*, au *Shen-si*, que *Wen-wang* rencontra l'illustre *Tai-kong* qu'il fit monter dans son char pour retourner avec lui à sa cour.

(1) Voici encore un trait remarquable rapporté au commentaire de l'*Erh-ya*. Quand on part on met en avant les petits et les jeunes pour honorer la force et le courage. Mais en rentrant, au retour, on met en avant les grands et les plus âgés. C'est, d'après le vieux dictionnaire, qu'en sortant on doit surtout user de ses armes, on porte en avant l'esprit guerrier et la terreur. En revenant il n'y a plus qu'à reformer les bataillons. — En revanche *Kong Yang* dit que les deux mouvements ne diffèrent que par le nom et se font de la même manière.

Avant de se mettre en route pour ses expéditions cynégétiques, *Wen-wang* consultait le sort pour en connaître le jour propice, puis s'y préparait par trois jours d'abstinence, puis partait en son char de chasse, simple et léger pour le lieu de cet exercice. Dans ses chasses il employait un tambour extraordinaire qu'il avait pris dans une guerre à l'état de *Mih-Siu* (1) ainsi qu'un char de première grandeur.

Le fruit des chasses de *Wou-wang* est relaté dans le *Tcheou-shou*.

Il monte à 22 tigres, 2 chats-tigres, 3235 élans, 12 rhinocéros, 721 yaks, 151 ours bruns, 118 ours tachetés (2), 352 sangliers, 18 renards, 16 bisons, 50 daims musqués, 30 cerfs, 3508 daims.

Ces chiffres semblent passablement exagérés ; d'autre part quelques uns d'entre eux sont si modérés : 2 chats-tigres ou sauvages, 18 renards ou blaireaux, 30 cerfs, qu'ils donnent crédit aux autres.

Le fils et successeur de *Wou-wang*, *Tcheng-wang*, qui règna de 1115 à 1078, a laissé plus de souvenirs encore de ses exploits. Ils sont mentionnés au *Tso-tchuen* en plusieurs endroits (3). C'est à la suite d'une réunion des princes de ce genre à *Ki* qu'il attaqua les barbares de l'Est dits I du *Huai* et les *Kuo-yü* (Livre *Tsin yü*) remarquent que le prince de *Ts'ou* n'y assista point parce que ses peuples étaient de race barbare (4).

Une inscription rythmée sur un tambour de pierre de *Kan-yu* vante aussi la chasse de *Ki* à la réunion brillante des princes et exalte le nombre des animaux pris sur un espace de 10.000 lis.

(1) Cp. le SSE-KI *Wu-wang*, le TSO-TCHUEN *Tchao* XV au § 6, le *Lu-tao* etc.

(2) Ours de grande taille, gris avec tâches blanches et noires, refoulé maintenant en Tartarie et dans les montagnes du *Sse-tchuen*.

(3) V. *Tchao-kong*. An IV. § 6 où Legge traduit « revue » au lieu de « chasse ». *Ting-kong*. An. IV. § 4. id. Mais le *Shu tcheng-i-tzo-tchuen* dit expressément qu'il s'agit de chasse. Il y rassemblait les princes pour la chasse (*Lip*) afin de s'exercer au combat.

(4) *Mans* de *King*.

De *Tchang-wang* nous passons à son 3e successeur *Mu-wang*, le prince aux légendaires exploits qui a eu un livre entièrement consacré à sa mémoire le *Mu Tien-tze tchuen*. On l'y voit chassant sur les flancs du mont *Hing* aux marais de *Sam* où il prit des renards blancs et des noirs ; d'où il alla dans l'ouest exercer le tir à l'arc. Après cela il organisa des chasses aux tigres dans les forêts. On en prit que l'empereur fit enfermer dans un parc où on les nourrit.

Mu-wang tira l'horoscope de ses chasses au moyen de la plante sacrée qui donna le kua *Kong*. *Tchi-kong* l'interpréta et reçut pour son avis 16 chevaux magnifiques de stature et de robe avec 30 corbeilles contenant des étoffes fines et ordinaires.

Après *Mu-wang* nous avons *Siuen-wang* (827-781) dont les chasses sont vantées au *Shi-king*. L'ode II 3, O. 5 lui est entièrement consacrée. Ce prince renouvela l'antiquité et les réunions des princes à la capitale de l'Est où il reprit les grandes chasses, choisissant pour cela les chars et les piétons.

Les chars étaient magnifiques (1), leur quatre coursiers hauts et forts. On se rendit dans les plaines de *Fou* couvertes de verdure. La voix des officiers mettant les soldats en marche retentissait au loin. On planta les bannières. On attacha les queues de bœuf. On étendit la chasse jusqu'à *Gao*.

Un long cortège s'avance brillant d'or et de vermillon. Les archers apprêtent leurs arcs et leurs flèches, se préparant au massacre. Les traits volent de toute part ; mais les tireurs gardent un silence complet. On voit passer les bannières, on n'entend aucun bruit. Mais le prince est généreux dans ses désirs ; il ne permet pas un carnage inutile ; son garde-manger ne se remplit pas entièrement.

Même sujet à l'ode VI du L. III où après avoir vanté la bonté, la beauté des chars et des chevaux, l'auteur dit que les chasseurs grimpent les hautes montagnes, cherchant les

(1) *hao*. Al. IX.

endroits où les cerfs, les daims etc. sont les plus nombreux, puis s'élançent dans la plaine où apparaissent les fauves par groupes ou deux à deux. On se rassemble pour recréer le Fils du ciel. Les flèches volent ; ici un sanglier est transpercé, là on tue un rhinocéros.

La chasse terminée on présente ses captures aux hôtes de la cour (1), on boit, on se divertit. Notons que partout les chasseurs princiers montent des chars attelés de quatre chevaux.

D'autres odes encore consacrées aux exploits cynégétiques des princes présentent quelques traits particuliers dignes d'être notés.

Au L. I. P. 7. 0. 3 nous voyons le prince *Shuh* de *Tcheng* ardent à la chasse et suivi de son peuple au point que les rues de la cité sont désertes.

A l'ode suivante, *Shu* est dépeint dans son brillant équipage s'élançant dans la plaine mise en feu, saisissant un tigre de sa main pour le présenter au duc de *Tcheng*. Le poète le supplie de ne point renouveler cet acte de folle bravoure de peur qu'il n'y suçcombe. Puis il nous le fait suivre dans sa marche, tantôt guidant ses coursiers, tantôt lançant des flèches meurtrières.

Au L. I. 8. 2 c'est un prince de *Tsi* qui poursuit deux sangliers d'abord, ensuite deux loups. Ailleurs il est fait mention de chiens grands et vigoureux employés à poursuivre de gibier I. 9. 6 et 11. 2.

L'ode I du L. I. 15 nous transporte à *Pin*. Là nous voyons les chasseurs, le premier mois de l'an, poursuivant les blaireaux, les renards et les chats sauvages pour faire des fourrures aux fils du souverain. Au second mois on y organise une chasse générale accompagnée d'exercices guerrières. On y tue des sangliers de divers âges. Les marcassins sont pour les chasseurs ; les sangliers pour le chef de l'état.

Un passage du Livre de *Meng-tze* nous donne de curieux détails relativement aux lois ou décrets sur la chasse.

(1) Dans un repas.

Le prince de *Tsi*, *Siuen*, qui régna de 331 à 312 demandait un jour au philosophe s'il était vrai que le parc de *Wen-wang* avait une étendue de 70 milles en carré. Cela est rapporté dans les Annales répondit *Meng-tze*. Cependant le peuple le regardait encore comme peu étendu. Est-ce possible ? répliqua le prince ; le mien n'en a que quarante et l'on se plaint encore qu'il est trop grand ; comment cela se fait-il ?

C'est que dans ce parc de 70 milles les petites gens pouvaient venir couper des herbes et ramasser le bois mort ; on pouvait y prendre des faisans et des lièvres sans être punis, le parc était commun au roi et au peuple. Il était donc naturel que les sujets de *Wen* le trouvassent trop étroit.

Ici c'est tout le contraire. Quand j'entrai dans cet état je m'informai des dispositions des lois prohibitives. J'appris ainsi qu'en deçà des frontières il y avait un parc de 40 milles mais que le meurtrier d'un cerf était puni comme l'assassin d'un homme. Ainsi ce parc est comme un piège placé au milieu du royaume pour y surprendre ses habitants. Ce n'est donc pas sans raison que ceux-ci le trouvent trop étendu.

Ces princes de *Tsi*, du reste, n'y allaient pas de main morte. Le duc *King* (546 à 488) étant un jour à la chasse voulut parler à l'intendant des forêts. Il y avait alors des règles fixes pour les signaux à donner aux officiers du souverain. On appelait les hauts fonctionnaires en élevant un drapeau ; un fonctionnaire inférieur (*Shi*) en levant un arc, et le forestier en plaçant un bonnet de peau au haut du piquet. Or notre prince se trompa et fit placer un arc (1) en signal au lieu d'un bonnet. L'intendant n'arriva point.

Le prince irrité le fit chercher pour le faire mourir. Aux reproches du souverain, notre homme répondit avec le plus grand sang-froid. Votre Altesse pour m'appeler a employé l'arc qui est le signe des officiers ; ne voyant pas le bonnet de peau, je n'ai point osé violer les règles et venir vers elle.

(1) Selon le Tso-tchuen *Tchao-kong*, an. XXII. Meng-tze parle d'un drapeau L. II. 2.

Apaisé par cette explication, le duc *King* relâcha le condamné.

C'est un des traits les plus extraordinaires du caractère chinois à cette époque. Promptement irrités, les princes se calment devant une observation juste, souvent même une remontrance, un blâme.

Le même chapitre de *Meng-tze* nous donne une idée de l'adresse des conducteurs de char pendant la chasse. Un cocher célèbre du nom de *Wang-liang* conduit à la chasse le favori d'un grand seigneur et ce personnage chasse tout le jour sans tirer aucun oiseau. Méprisé pour cet insuccès, *Wang-liang* voulant prouver que c'était volontairement qu'il avait conduit l'individu à une chasse infructueuse, le reprend sur son char le lendemain et lui fait tirer dix oiseaux en une seule mantinée.

Les histoires plus récentes ont encore une foule de traits du même genre mais dépourvus d'intérêt, aussi nous ne nous y arrêterons pas.

Tcheng-ti, la 3e année *Yuen-Yu* (ou 9 P. C.) fit une grande chasse dans les montagnes du midi. Il y fit un butin si abondant au moyen de filets qu'on remplit des chars à cage, d'ours bruns et tachetés, de porc-épics, de sangliers, de tigres, de léopards, de renards, de lapins, d'élans, de cerfs que l'on ramena à la capitale.

Voici comment, dans des temps plus récents, l'histoire officielle décrit la grande chasse du souverain chinois.

Au mois médial de l'hiver, dix jours avant le terme fixé, la cour militaire réunie détermine les règles de la chasse ; la cour forestière fait préparer le terrain. On plante le drapeau au terme final. La veille du jour fixé, tous les commandants se réunissent près des drapeaux ; ceux qui arrivent trop tard sont punis. La cour militaire *King-pou* fait enceindre l'espace destiné à l'exercice et l'on plante des drapeaux des deux côtés jusqu'à l'endroit choisi pour la poursuite du gibier. Les tambours impériaux conduisent dans l'enceinte et y servent à indiquer les commandements.

L'empereur va tourné vers le sud ; deux lignes de 60 piétons le précédent dans cette direction, les uns à l'est tournés vers l'ouest, les autres à l'ouest tournés vers l'est. Les porte-bannières suivent avec le grand étendard. Tous les *Wangs* et *Kongs* et officiers inférieurs viennent en char portant l'arc et les flèches et se rangent par devant et par derrière. Après eux marchent les porte-bannières avec les petits étendards.

On fait la battue trois fois de manière à faire passer le gibier devant l'empereur du côté gauche et lui permettre de le tirer. Quand le Fils du ciel cesse ou abaisse la grande bannière, c'est alors le tour des *Wangs* et des *Kongs*. Quand eux aussi ont fini de tirer on abaisse les petites bannières et la battue cesse. Il est alors permis aux participants inférieurs (1) de tirer à leur tour.

Quand la chasse a pris fin (2) les forestiers font planter la grande bannière au milieu du terrain des battues. Les tambours battent au champ. Les officiers inférieurs y répondent par des cris. On apporte le gibier abattu sous le grand drapeau et l'on coupe l'oreille gauche des quadrupèdes, pour la donner aux tireurs heureux ; puis, sur l'ordre donné, les officiers adhoc sacrifient des animaux dans les quatre faubourgs de la capitale et l'on annonce le résultat de la chasse au temple ancestral.

Ajoutons encore une autre description de chasse impériale sous les *Tang* ou plutôt des exercices militaires dont la chasse fut précédée. C'était au temps dit *Kai-Yuen* la première année (713) *Hiuen-tsong* voulait chasser sur les bords du *Huai*. On prépara une aire longue de 1200 pas avec une porte de chaque côté ; on y établit un camp pour les fantassins et les guerriers en char de ce corps d'armée et l'on y forma les bataillons avec les drapeaux dressés. Les guerriers les plus grands portaient l'arc et les flèches ; les petits, les

(1) Litt. Les cent familles. Ce ne peut être que les officiers inférieurs aux Kongs.

(2) Il n'est dit nulle part combien de temps chaque tir spécial peut durer.

lances et les épées. Les plus forts portaient les drapeaux, les jeunes les tambours dorés. Ceux armés de glaives et de boucliers marchaient en avant ; les porteurs de longues épées les suivaient ; puis venaient les porteurs d'arcs et de flèches. Quand on baissait les drapeaux, ils se mettaient à genoux ; quand on les dressait ils se relevaient.

Dix quarts d'heure avant le plein jour on constitue les gardes. 5 quarts d'heure avant les cuirassiers à pieds forment leurs rangs et se mettent en ordre. Les chefs se placent sous les drapeaux et les tambours.

A la troisième veille, les chefs gardes inspectent leurs compagnies. Armés de leurs dards et de leurs lances, ils viennent se mettre en ordre devant le quartier impérial. Leurs bannières ont les cinq couleurs des régions célestes, et toutes les formes, carrée ou ronde, droite ou courbe (1), pointue. Dans les combats simulés ils affectent le courage ou la crainte, se présentent comme compagnons ou ennemis, comme vainqueurs ou vaincus. Ainsi les corps d'armées, les chars et les chevaux s'éprouvent et se comparent.

Sous *Jin-tsong* des *Songs* la 6e année *King-li* (ou 1047) l'onzième mois on fit une chasse monstre, aux environs de la capitale, spécialement à l'est et au sud. Cette fois on laissa les chars de côté et le corps de chasseurs se composa de cavaliers. Ceux-ci étaient plusieurs milliers que l'on partagea en deux ailes à droite et à gauche. Les drapeaux et les tambours précédaient pour donner les signaux et diriger les manœuvres. On enclôt un terrain de plus de dix lis. Les bataillons étaient rangés en ordre parallèle. Le Fils du ciel monté sur son char occupait le milieu de la route portant lui-même son arc et ses flèches et abattit grand nombre d'oiseaux.

Les gens qui habitaient le long de la route élevaient des renards, des lapins, des canards, des poules et ces animaux venaient courir dans l'aire de la chasse. L'empereur, humain

(1) Ces deux derniers genres concernent le haut de la hampe.

comme son nom l'indiquait, ordonna de les respecter, disant à ses aides de camp que la prise du gibier n'était pas le but principal de la chasse, mais l'exercice des actes de la guerre, l'apprentissage des ruses, des travaux militaires. Après quoi il se rendit avec sa suite au reposoir et là il appela et interrogea les passants jeunes et vieux, leur demandant quelles étaient leurs ressources, ce que leur contrée produisait de céréales, ce qu'on y cultivait. Il plaignit la grossièreté de leur nourriture et de leurs habillements dans leur longue vie ; les gens lui peignaient toute leur misère, leur dur labeur. Puis il s'en retourna et ses gardes vinrent lui rendre compte de leurs exploits cynégétiques.

En revenant l'empereur loua l'adresse et la virilité de ses officiers qui avaient su éviter de traverser, de fouler aux pieds les champs des campagnards.

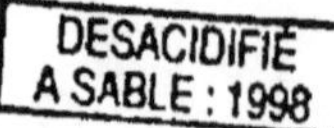

www.ingramcontent.com/pod-product-compliance
Lightning Source LLC
LaVergne TN
LVHW050511160826
845677LV00003B/1068

* 9 7 8 2 3 2 9 6 3 3 8 7 9 *